www.tredition.de

AF196133

Johanna Hollberg

Kämpfer

Peter Sieber-Amport

www.tredition.de

© 2021 Johanna Hollberg

Verlag und Druck:
tredition GmbH, Halenreie 40-44, 22359 Hamburg

ISBN
Paperback: 978-3-347-33623-0
Hardcover: 978-3-347-33624-7
e-Book: 978-3-347-33625-4

Im Gedenken an

Peter Sieber- Amport

"Wenn ihr mich sucht, sucht in euren Herzen. Habe ich dort eine Bleibe gefunden, lebe ich in euch weiter"

Vorwort

Mein Name ist Johanna Maria Hollberg und ich bin nicht nur die Autorin dieses Buches, sondern auch die Enkelin von dem Mann, um den es sich in dieser Biografie handelt. Dies ist mein Abschlussprojekt für die 3. Sek. Die Idee für mein Projekt hatte ich schon früh. Zuerst wollte ich ein Buch über das Jahr 2020 verfassen. Bei einem Buch blieb es auch, doch der Inhalt änderte sich. Mein Opa ist im Dezember 2020 verstorben und ca. 1 Monat später, als ich im Musikunterricht war, kam ich auf die Idee eine Biografie über ihn zu schreiben. Am Anfang war ich mir unsicher, ob dies wirklich eine gute Idee war. Ich wusste nicht, ob es für mich eine zu grosse Belastung sein wird oder ob ich damit über seinen Tod hinwegkommen würde. Bevor ich mich festlegen wollte, fragte ich meine Familie was sie von der Idee halten würden. Alle waren sehr überrascht, dass ich mir das als Projektarbeit ausgesucht habe, aber sie wollten mich alle unterstützen. Meine Erwartungen waren sehr hoch, vor allem an mich selbst. Mein Opa war ein sehr geschätztes Familienmitglied und deshalb musste es für mich perfekt sein. Eine Vorgabe für mein

Buch war, dass es mindestens 5 Kapitel hat und für mich war es wichtig, dass man meinen Opa durch diese Kapitel genau kennenlernt. Das man die Person kennenlernt, über die man eine Biografie liest, ist eigentlich immer die Erwartung. Für mich ist es jedoch aus anderen Gründen wichtig. Dieses Buch schrieb ich nämlich nicht nur das ich mit seinem Tod abschliessen kann, ich hoffe auch das der Rest meiner Familie damit ein Stück weit abschliessen kann. Ich möchte ebenfalls mehrere Exemplare drucken, sodass ich meiner Familie je ein Exemplar schenken kann. Abschliessen mit seinem Tod ist aber nicht mein einziges Ziel. Ich möchte meinen Opa mit diesem Buch auch ein bisschen besser kennenlernen und verstehen. Eventuell möchte auch meine Cousine Finja das Buch irgendwann lesen, wenn sie älter ist und mehr über ihren Opa wissen möchte. Für jetzt schreibe ich das Buch aber hauptsächlich für meine Oma, meine Mama, mein Gotti und für mich.

Kindheit & Jugend

„S'Peterli"

Am 21.Dezember 1946 erblickte mein Opa zum ersten Mal das Licht dieser Welt. Peter Max Sieber, kurz und liebevoll „Peterli" genannt, war der erste von drei Kindern, die meine Urgrosseltern, Marie und Jakob Sieber, bekamen.

Mein Opa mit 11 Wochen

Mein Opa wurde in St.Gallen an der „Felsenstrasse" geboren, genau wie seine zwei jüngeren Schwestern Beatrice und Monika. Mein Opa war immer ein sehr hilfsbereiter Mensch, auch in der Familie. Er hat im Haushalt mitgeholfen: Geschirr zu spülen, Wäsche zu waschen und alles was sonst noch so anstand. Er war ebenfalls ein un-

fassbar guter Schüler. Er hat meistens gute Noten geschrieben ohne dafür gross lernen zu müssen. Wenn er
mal gelernt hat, dann war es für eine grosse Prüfung. Am
besten konnte er nachts lernen. Er lernte 6 Stunden und
schlief 2. Seinen Eltern gefiel seine „Lern- Art" nicht besonders, aber so schrieb er gute Noten. Er war schon früh
in der Pfadi und immer ein sehr naturverbundener
Mensch. Eine weitere Leidenschaft von ihm war das
Schreinern. Aus Holz konnte er alles anfertigen. Früher
hat er immer Schiffe aus Holz gebaut, welche er später
dann auf den drei Weihern schwimmen liess. Schreiner zu
werden war auch seine zweite Berufswahl. Mein Opa war

ein sehr begabter Mensch,
er konnte vieles, darunter
auch Flöte und Gitarre
spielen. Eine weitere Pas-
sion meines Opas war das
„Töffli" fahren. Sobald es
warm genug war, war er
nur mit seinem „Töffli" unterwegs.

Freie Zeiten

Seine Schwestern waren ihm sehr
wichtig, vor allem Monika, seine
jüngste Schwester. Monika war e-
her eine beste Freundin für meinen
Opa als eine Schwester. Von An-

fang an wollte Monika immer mit ihm mit, egal wo hin oder
mit wem, sie wollte dabei sein. Roland und Heinz wohnten
in ihrer Nachbarschaft und waren früh schon die besten
Freunde von meinem Opa. Mit ihnen machte er alles. Sie
gingen zusammen aus, hingen nach der Schule zusammen

herum oder gingen zelten am Wa-
lensee und überall wollte Monika
dabei sein. Irgendwann war es dann
aber so, dass Monika allein mit sei-

nen Freunden unterwegs war. Mein Opa erzählte seinen
Eltern, dass er etwas mit seinen Freunden machte, aber
insgeheim unternahm er was mit seiner damaligen Freundin. Seine Schwester deckte ihn immer. In diesem Alter
durfte er eigentlich noch keine Freundin haben. Hinter
dem Rücken seiner Eltern hatte er aber trotzdem eine. Für

ihn waren seine Jugendzeiten seine ,,freien Zeiten'', so wie eigentlich für jeden Teenager.

Familie

Wenn man etwas über meinen Opa wissen sollte, dann dass er ein riesiger Familienmensch war. Das war er schon immer und dies kam nicht von ungefähr. Seine El-tern unternahmen mit ihm und seinen Schwestern schon von klein an alles gemeinsam als Familie. Zusammen gingen sie oft wandern oder machten grosse Touren, die bis zu 8 Stunden

dauerten. Ferien waren auch immer eine riesige Freude für meinen Opa und seine Schwestern. Sie hatten eine Fe-rienwohnung in Quarten und gingen aus dem Grund im-mer dort in die Ferien. Dieser Ort war für sie wie ein zwei-tes Zuhause. Im Winter waren seine Freunde, Monika und

er immer zusammen Schlitten fahren. Sie haben sich an den Füssen festgehalten und sind dann in einer Linie hinunterge-fahren. Ski fahren in der Becker-halde war auch ein Highlight für sie jedes Jahr. Für meinen Opa war der Winter sowieso etwas wundervolles. Er war ein absolutes Winterkind. Monika und mein Opa waren ein unzertrennbares Geschwisterpaar. Sie machten immer ,,Schabernack'' miteinander und passten auch während der Ausbildung noch aufeinander auf. Mein Opa absolvierte ein Studium und verdiente deshalb noch kein Geld, aber Monika, die eine Lehre machte, schon. Monika gab ihm deshalb immer ein bisschen ,,Sackgeld'' von ihrem Lohn. Bevor er wieder, wegen des Studiums, nach Zürich musste, kaufte sie ihm noch Zigaretten. Um danke zusagen, schrieb er ihr immer kleine Briefe.

Meine Oma und Monika

Beruflicher Werdegang

Der Anfang

Mein Opa wusste schon sehr früh, was für einen Beruf er später erlernen wollte. Auch wenn er erst nicht wusste, ob er Schreiner oder Arzt werden sollte. Die Leidenschaft für das Schreinerhandwerk war fast so gross, wie die Leidenschaft den Menschen helfen zu wollen. Schlussendlich entschied er sich für den Beruf Arzt. Bei dieser Entscheidung hat seine soziale Ader gewonnen und ausserdem wusste er, dass er das Schreinern nicht aufgeben muss, nur weil er Arzt wird. Um später ein Studium zum Arzt machen zu können, entschied er sich aus der zweiten Sekundarstufe, in die Kantonsschule St. Gallen zu wechseln. Er hatte auch in der Kanti nie Probleme gute Noten zuschreiben, deshalb bestand er diese auch mit Bravour.

Das Studium

Nach der Kanti ging es für ihn 1968 direkt ins Arztstudium. Da mein Opa nicht alle 7 Jahre Studium in Zürich machen wollte, entschied er sich, die ersten zwei Jahre in Fribourg zu studieren. Dieser Entscheid gefiel auch seinen Eltern, denn ein Grossonkel meines Opas war dort in einem Studentenheim, so hatte man ihn unter Kontrolle. Im Studium musste er zum ersten Mal etwas lernen, aber auch das fiel ihm leicht. Beim Arztstudium besteht die Abschlussprüfung aus vielen ,,kleineren'' Prüfungen, über das ganze letzte halbe Jahr des Studiums verteilt. Nicht ganz so überraschend hatte mein Opa eine überragend gute Note. Er schloss sein Studium mit einer 5.5 ab. Doch ganz vorbei war es da noch nicht. Er musste noch seine Dissertation schreiben. Dies ist eine Arbeit die man machen muss, wenn man den Dr. med. haben will. Mein Opa machte eine über Sportschützen. Er schrieb alles auf, was mit der Medizin zu tun hatte: Die Reaktion des Schützen auf die Bewegung, häufig auftretende Verletzungen bei Sportschützen und noch vieles mehr. Durch diese Arbeit erlangte mein Opa den Doktor-Titel. Damit war sein Arztstudium in 1974 vollständig abgeschlossen.

Arbeit im Spital

Nach dem Studium arbeitete er für 5 Jahre in verschiedenen Spitälern. Zuerst arbeitete er ein Jahr im Spital Heiden als Assistenzarzt, daraufhin ein Jahr im Kantonsspital St. Gallen. Die nächsten zwei Jahre verbrachte mein Opa auch als Assistenzarzt im Spital Rorschach. Er durchlief diverse Abteilungen. Mal arbeitete er in der inneren Medizin, mal in der Chirurgie und ebenfalls in der Gynäkologie. Mein Opa arbeitete in jedem Bereich mindestens einmal. In seinem letzten Jahr, im Spital Rorschach arbeitete er als Oberassistenzarzt, in der Geburteneinteilung. In all diesen Spitälern arbeitete er als Notarzt. Das Spezielle am Notarzt sein sei, dass man mit den verschiedensten Fällen konfrontiert wird. Im Notdienst könne einem alles zu Augen kommen, meinte mein Opa. Aber für ihn war es ebenso die schlimmste Abteilung, denn er hätte nirgendwo so viele Menschen verloren, wie im Notdienst. Als er alle diese Jahre, in den verschiedensten Spitälern, gearbeitet hatte, bekam er mit der FMH die Befugnis, seine eigene Praxis zu eröffnen.

Die Praxis

Den Traum einer eigenen Praxis hatte mein Opa schon lange. Nach Ende seines Studiums durfte er für ein halbes Jahr die Vertretung in einer übernehmen. Ab diesem Zeitpunkt war es für ihn sonnenklar, dass er auf seine eigene Praxis hinarbeitet. Seinen Traum erfüllte er sich am 3. September 1979. Mein Opa er-

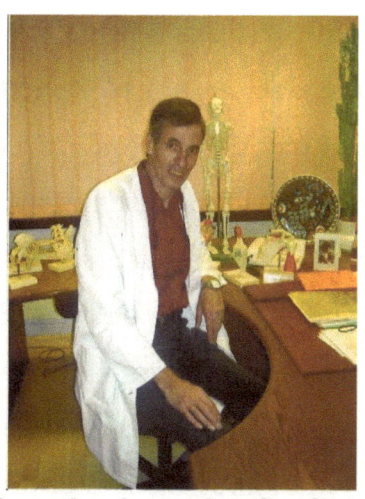

öffnete seine eigene Praxis in Rorschach an der St. Gallerstrasse 5. Diese Praxis war ein riesiger Erfolg und Meilenstein in seinem Leben. Er hat sie komplett selber auf die Beine gestellt: Inneneinrichtung, die Angestellten, einfach alles. Seine erste MPA hiess Ursi Gerber und die erste Praktikantin war Brigitte Meyer. Doch sie blieben längst nicht die einzigen über die ganzen Jahre. Er bildete mehrere MPA's aus, darunter auch seine Tochter Claudia. Als Arzt einer Praxis ist man ebenfalls verpflichtet, Notfalldienst zu leisten. 12 Jahre lang war er auch Amtsarzt für den Bezirk Rorschach. Als Amtsarzt wurde er immer dann gerufen, wenn jemand einen Toten gefunden hat, welcher alleine gestorben ist, bei tödlichen Unfällen, ebenso bei Selbstmorden, etc. In den Jahren als Amtsarzt sieht man viele schreckliche Dinge. Je länger mein Opa Amtsarzt war desto mehr Mühe hatte er diese Todesfälle zu verarbeiten. Als er zu einem tödlichen Unfall eines kleinen Jungen gerufen wurde, war für ihn klar, dass er dieses Amt nicht weiter ausüben möchte. Er kannte diesen kleinen Jungen und seine Eltern. Es hat ihn so sehr mitgenommen, dass der Junge einen so schmerzhaften Tod erleben musste, dass er nicht mehr weiter als Amtsarzt arbeiten wollte. 2009 musste er aber leider seine Praxis weitergeben, da er aus medizinischen Gründen nicht mehr im Stande war, die Praxis weiterzuführen. Er verkaufte seine Praxis an einen sehr guten Nachfolger, welcher sich sehr geehrt fühlen darf.

Seine Familie

Ursi Maria Amport

Mein Opa und meine Oma haben sich am 18. Juli 1970 zum

ersten Mal getroffen. Es war die Geburtstagsparty der besten Freundin meiner Oma. Damals war mein Opa noch mit der besten Freundin von ihr zusammen. Durch sie haben sich meine Grossel-

Der erste Kuss

tern kennengelernt. Sie haben sich sofort gut verstanden und meiner Oma ist ebenfalls direkt aufgefallen, wie offen mein Opa war. Kurz darauf scheiterte die Beziehung meines Opas. Aber meine Oma und er blieben stehts in Kontakt. Am 19. Dezember 1970 hatten sie ihr erstes Date. Er

war anfangs sehr bescheiden, da er nicht wollte, dass meine Oma in ihm nur den guten Arztstudenten sieht. An diesem Tag kamen sie zusammen und blieben von dem Tag an auch für immer zusammen. Da mein Opa noch im Studium war, konnten meine Grosseltern nicht zusammenwohnen, dies hielt meinen Opa aber nicht davon ab, seine grosse Liebe zu heiraten. Die Verlobung folgte dann auch schon am 21. Mai 1972. Heiraten wollten sie aber erst nach dem Abschluss seines Studiums. Deshalb heirateten sie erst zwei Jahre nach der Verlobung. Da sie zusammenziehen wollten, heirateten meine Grosseltern bereits 1974 auf dem Standesamt. Zu dieser Zeit sollte ein Paar nicht gemeinsam eine Wohnung beziehen, ohne verheiratet zu sein. Die

Susi und Reini an der Hochzeit meiner Großeltern

kirchliche Trauung fand am 17. August 1974 statt. Es war einer der schönsten Tage in ihrem Leben. Zusammen standen sie von dort an alles durch. Auch wenn es einmal schwierig wurde, durch Streit oder sonstige Probleme, zusammen schafften sie alles. Durch die Hochzeit kamen zwei Menschen in das Leben meines Opas, die ihm sehr wichtig wurden. Seine Schwiegereltern Maria und Ernst übernahmen eine grosse Rolle in seinem Leben. Er konnte seinem Schwiegervater alles erzählen und dies tat er auch. Ernst und mein Opa waren auch ein Dreamteam bei der Gartenarbeit. Fast jeden Donnerstagnachmittag half sein Schwiegervater ihm im Garten. Meine Grosseltern unternahmen einiges zusammen, vieles auch mit der Zwillingsschwester meiner Oma und ihrem Ehemann. Mit Susi und Reini gingen sie in die Ferien, sie gingen wandern und machten auch sonst vieles miteinander. Später als meine Grosseltern Kinder hatten und auch Susi und Reini Kinder hatten, unternahmen sie vieles miteinander als Familien. Die Kinder sind praktisch als Geschwister gross geworden. Ebenfalls machten sie einiges mit Monika und ihrem damaligem Mann Willi und deren Kinder. Die Beziehung meiner Grosseltern war sehr herzlich. Seit ihrem ersten Urlaub zusammen nannten sie sich liebevoll „Schatzibum" und nicht anders. Meine Oma stand mit meinem Opa auch alles was mit seiner Krankengeschichte zutun hat durch. Oft hatte er die Hoffnung weiterzukämpfen von ihr bekommen, da er wusste, dass sie ihn nicht im Stich lässt. Sie hat ihn gepflegt und für ihn gesorgt, bis er von uns ging. Meine Oma war für ihn die grosse Liebe.

Kinder

Von Anfang an war für meine Grosseltern klar, dass sie irgendwann Kinder haben wollen. Am 18. April 1976, knapp zwei Jahre nach ihrer Hochzeit, kam ihre erste Tochter zur Welt. Ihr Name ist Christine und sie ist meine Mutter. Die zweite Tochter Claudia kam am 28.

Meine Mama ganz klein

Mein Gotti als Baby

Februar 1978 zur Welt und sie wurde später mein Gotti. Beide sind im Speicher AI geboren. Hier mieteten meine Oma und mein Opa ihre erste gemeinsame Wohnung, da mein Opa im Speicher als Vertretung in einer Praxis arbeiten durfte. Es handelte sich um dieselbe Wohnung, weshalb sie bereits im April Zivil heirateten. 1979 zogen sie dann, zusammen als Familie, nach Rorschach über die eigene Praxis meines Opas. In der Zeit als sie über der Praxis wohnten, bauten meine Grosseltern ein grosses Haus in Rorschach. Im

Jahr 1982 zogen sie dann endlich ins fertige und selbst gebaute Haus ein. In diesem Haus hatten sie einen riesigen Garten mit Pool und deshalb waren eigentlich alle Familienfeste bei ihnen zuhause. Dieses Haus war nicht nur für meine Mama und mein Gotti etwas ganz Spezielles, es war auch was ganz Spezielles für  ihre Cousins und Cousinen. Die älteste von allen ist meine Mutter, der nächste ist Christoph, als nächstes folgt mein Gotti, nicht lange nach ihr kam Andrea, nach Andrea kam Yvonne und zum Schluss kamen noch Stefan und Jeanette. Christoph, Andrea und Stephan sind die Kinder meiner

Nonna Susi und ihrem Mann Reini. Monikas Töchter sind Yvonne und Jeanette. Zusammen haben sie viele Erinnerungen an das Haus und viele dieser Erinnerungen kommen durch meinen Opa. Er hat mit allen immer viel Schabernack getrieben und vieles davon ist für sie unvergesslich. Ein Beispiel ist, als er eine Seifenkiste gebaut hat. Die Kinder durften die Strasse herunterfahren und er hat sie dann mit dem Auto wieder hinaufgezogen. Christoph, der Göttibueb von meinem Opa, durfte in Mörschwil einmal an einem Seifenkisten- rennen teilnehmen. Danach hat er ihn mit seinem Auto, die ganze Strasse, wieder hochgezogen.

Mein Opa war ein sehr eigener, aber toller und lustiger Mensch. Auch hat er, wenn sie am 1. August in ihre Berghütte gingen, eine Gartendusche den Berg hochgeschleppt, dass sie mit dem kalten Bergwasser duschen konnten.

Duschen bei der Hütte

Er hat auch immer dafür gesorgt, dass sie in den Ferien auffielen. Fotografieren war ebenfalls ein leidenschaftliches Hobby von ihm. In den Ferien musste nämlich immer die ganze Familie, einige Male, für ein Selbstauslöser-Foto hinstehen und dies ging immer eine halbe Ewigkeit.

 Doch
für genau dies liebten sie ihn, er war immer er selbst und
sowas war ihm nie peinlich. Für sie beide war er ein un-
fassbarer Vater. Durch ihn wanderten sie schon im jungen
Alter grosse Touren. Die nicht alle Kinder freiwillig gehen
würden.

Zermatt 1982

Aber genau durch solche Unternehmungen sahen meine Mama und mein Gotti wundervolle Sachen. Mein Gotti machte ihre Lehre als medizinische Praxisassistentin bei ihm. Dass sie die Ausbildung bei ihrem Vater machen durfte, war wunderbar für sie. Für meine Oma und meine Mama war es nicht immer so großartig, da Opa und sie ab und zu am Mittagstisch, über ihre Fälle redeten. Das war für Oma und Mama Fachchinesisch. Meine Mutter hatte auch immer ein super Verhältnis zu ihrem Papa, auch wenn sie nicht für ihn arbeitete. Beide konnten sich immer an ihn wenden, wenn sie Probleme hatten. Alles was sie zusammen als Familie machten war unvergesslich. Jeder Urlaub, jeder Ausflug und auch jedes Familienfest. Obwohl mein Opa Arzt war, hat er immer geschaut, dass er genug Zeit mit seiner Familie verbringen konnte. Seine Familie war für ihn das wichtigste. Sie war für ihn perfekt, auch wenn meine Grosseltern eigentlich noch ein drittes Kind wollten. Leider ging dies durch die Krankheit meines Opas nicht mehr.

Juana

„Er war mein Held.“ Mit diesem Satz hat Juana mein Interview mit ihr beendet. Juana ist ein sehr gutes Beispiel dafür, wie sehr mein Opa es geliebt hat Menschen zu helfen. 1992 wurde sie von ihrem Sozialarbeiter Herr Rotfuchs in die Praxis meines Opas gebracht. Ihr damaliger Chef hat gemerkt, dass mit ihr etwas nicht stimmt. Also hat er einen Sozialarbeiter engagiert, der mit ihr sprechen sollte. Der Sozialarbeiter hat ebenfalls schnell festgestellt, dass Juana ein grösseres Problem beschäftigte. Da sie zu ihm kein Vertrauen aufbauen konnte, machte Herr Rotfuchs einen Termin in der Praxis von meinem Opa. Auch er merkte sofort das mit ihr etwas nicht stimmte. Sie wirkte sehr zurückhaltend und ängstlich gegenüber ihm. Mein Opa fing an mit ihr zureden, um ein Vertrauensverhältnis aufzubauen. Irgendwann vertraute sie sich ihm an. Es hat sich herausgestellt, dass Juana von ihrem Stiefvater missbraucht wurde. Er hat sie unsittlich angefasst, wurde ihr gegenüber handgreiflich und war sehr aggressiv. Nach diesem Gespräch wurde meinem Opa klar, dass sie nicht

mehr nach Hause konnte. Man wusste nicht, wo sie hin-sollte. Also hat er ihr angeboten, dass sie für diese Nacht bei ihm und seiner Familie schlafen konnte. Etwas unsicher war sie, als sie das Angebot annahm, aber es war besser als wieder nach Hause zu müssen. Mit ihrer Mutter war das auch kein Problem, da Juana schon 20 Jahre alt war. Am Abend musste mein Opa aber leider weg und deshalb sie mit meiner Oma ganz allein. Obwohl sie sich nicht kannten, funktionierte es auf Anhieb sehr gut. Sie kamen ins Gespräch, als sie feststellten, dass sie beim gleichen Lehrer zu Schule gingen. An diesem Abend hat sich Juana meiner Oma komplett geöffnet und ihr alles erzählt. Dort wurde auch klar, dass sie nie mehr zu ihrem Stiefvater nach Hause konnte. Aus einem Tag wurde eine Woche und dann musste sie sich entscheiden, Mädchenheim oder bei Familie Sieber bleiben. Mein Opa hatte bei ihr Eindruck hinterlassen, deshalb war es für sie direkt klar, dass sie bleiben würde. Ihr Stiefvater hat sie aber dennoch überall hin verfolgt. Entweder fuhr meine Oma oder mein Opa sie herum, aber allein konnte sie nicht aus dem Haus. Die ganze Zeit hatte Juana Angst, dass ihr Stiefvater meinem Opa etwas antun könnte, weil er sauer auf ihn ist.

Sie hatte auch Angst das ihrer Mutter etwas passieren könnte, dadurch dass sie nicht mehr zu Hause war. Diese Szenarios sind aber glücklicherweise nie geschehen. Nach einem halben Jahr musste sie aber leider weg von Familie Sieber. Daraufhin bekam sie eine Wohnung in Arbon, von der ihre Mutter und ihr Stiefvater nichts wussten. Nach kurzer Zeit in der Wohnung wurde Juana schwanger. Nach meiner Oma war sie jung und naiv, doch sie hatte Glück, da ihr Freund bei ihr blieb. Damals war meine Oma sauer auf sie, aber nur weil sie Angst um Juana hatte. Doch am Schluss wurde alles super. Juana bekam mit dem gleichen Mann nochmals zwei Töchter und sie sind eine Familie. Mein Opa wurde ein Ersatz-Vater für Juana und Juana wurde für alle ein Teil der Familie. Er wurde Götti von Juanas zweiter Tochter und er war die Person, die sie in die Kirche geführt hat, an ihrer Hochzeit. Mein Opa wollte sie retten und dies schaffte er auch. Juana hat heute nämlich eine perfekte Familie und sie ist glücklich.

Opa und seine Enkel

Ich war etwas ganz Spezielles für meinen Opa, ich war die erste Enkelin von insgesamt drei, die ihm von einer seiner zwei Töchter geschenkt wurde. Am 4. Januar 2006 brachte meine Mutter Christine mich auf die Welt. Ich war nicht nur was Spezielles für Opa, sondern auch für Oma. Für sie war ich nämlich gleichzeitig auch ein Geburtstagsge-

schenk. Mein Opa hat mich sofort in sein Herz geschlossen und ich ihn auch in meines. Ich hatte auch von Anfang an einen sehr großartigen Bezug zu ihm, da ich jede Woche mindestens zweimal bei meinen Grosseltern war. Mein Vater 100% gearbeitet hat und meine Mutter auch eineinhalb Tage in der Woche.

Am 4. August 2008 kam ein weiterer Enkel dazu. Bastian war für meinen Opa auch was sehr Besonderes, da er der erste Junge in der Familie war. Bastian ist mein geliebter kleiner Bruder und auch er hatte eine sehr enge und spezielle Beziehung zu unserem Opa. Er hat uns ein paar großartige Erinnerungen an unsere Kindheit gegeben. Zum Beispiel hat er ein Seil hinten an seinen Rollstuhl angemacht und uns dann mit

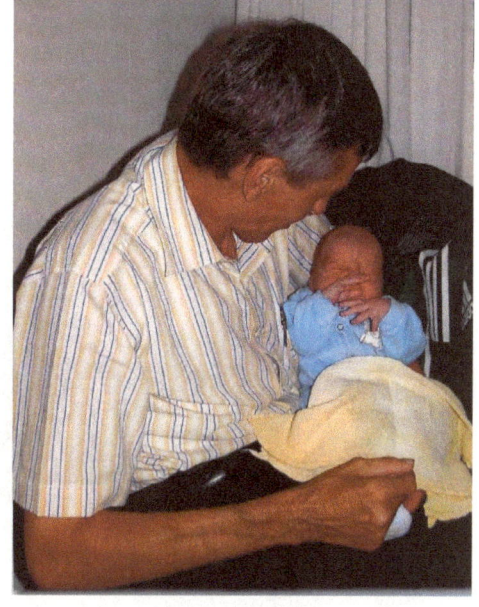

dem Bobbycar durch den ganzen Garten gezogen. Auch etwas, dass mein Bruder und ich nie vergessen werden, ist der Tag, als unsere Grossmutter uns mit ihm allein liess. Sie sagte zu ihm bevor sie ging, dass wir nicht zu viele Süssigkeiten haben durfen, also sollte er uns keine geben. Unser Opa hat aber nicht auf sie gehört, da es ihm einfach egal war, also haben wir den ganzen Tag nur Süssigkeiten gegessen und Zeit mit Opa verbracht. Opa hat

Bastian und mir auch immer Geld fürs Zeugnis gegeben. Wir haben von Oma zwar schon etwas Geld bekommen, aber von ihm haben wir trotzdem nochmal Geld bekommen.

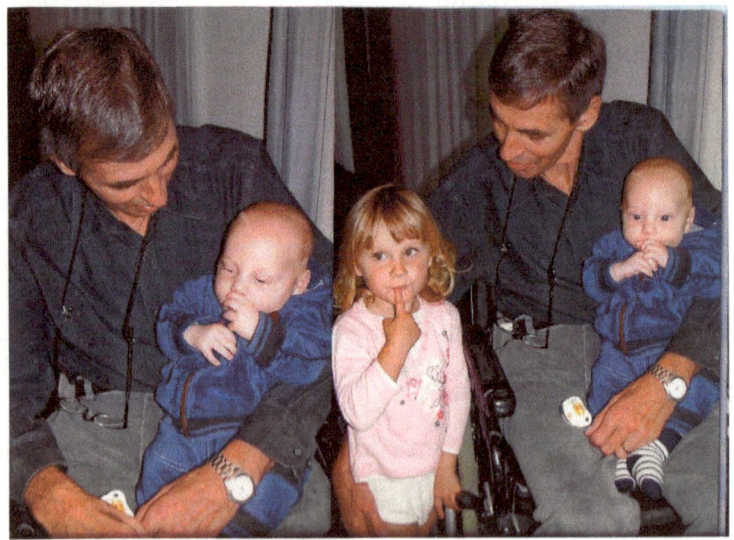

Unser Nesthäkchen Finja kam am 25. Oktober 2016 dazu.
Sie war für ihn umso mehr was
Besonderes, da sie die erste
und einzige Tochter von meinem Gotti ist. Sie war für uns
alle was Besonderes. Aber
unser Opa hat auch bei ihr einen ganz speziellen Platz im
Herzen gehabt. Finja tat sich
am Anfang nämlich etwas

schwer mit Männern, neben ihrem Vater akzeptierte sie
nur Opa. Auch sie hat spezielle Momente mit Opa gehabt.

Finja war etwas öf-
ter in der Woche
bei unseren Gros-
seltern, da ihre
Mutter mehr arbei-
tete als unsere.

Mein Opa war immer was ganz Spezielles für mich, aber
als ich in die Pubertät kam, wurde er noch wichtiger für
mich. In der Zeit stritten meine Mutter und ich uns sehr oft

und deshalb wusste ich nicht weiter. Mein Opa hat mir immer zugehört und mir häufig von sich selbst erzählt, um mir etwas zu helfen. Auch wenn ich mal in der Schule oder vor allem in der Berufswahl, anstand, hatte er immer eine kleine Aufmunterungsrede für mich parat. In der zweiten Sek wollte ich die Aufnahmeprüfung für die PMS machen und hatte deshalb nicht gerade wenig Streit mit meinen Eltern. Ich war einfach unsicher und überfordert, aber mein Opa hat mir geholfen. Er hat mir erzählt, wie es für ihn war die Aufnahmeprüfung für die Kanti zu machen und er hat mir klargemacht, dass es überhaupt kein Versagen ist, wenn ich die Prüfung nicht bestehe. Es hat mir den Mut und den Willen gegeben, sie zu machen, auch wenn ich am Ende knapp nicht bestanden habe. Mein Opa war immer sehr stolz auf mich und umso mehr bin ich dankbar, dass er noch erfahren hat, dass ich meine Lehrstelle habe und meinen Lehrvertrag unterschrieben habe.

Der Tod von unserem Opa war schlimm, vor allem für mich und meinen Bruder. Finja ist noch zu jung, um es genau zu verstehen. Es kam für alle sehr unerwartet. Für mich und Bastian war es ein sehr grosser Schlag in unserem Leben. Ich wünschte auch, dass er noch etwas mehr von unseren Leben hätte, miterleben können, vor allem von Finjas. Sie war erst vier Jahre alt. Aber wir können daran nichts mehr ändern. Es geht einem mit der Zeit etwas besser, da wir ihn alle noch tief in unserem Herzen haben mit den wunderschönen und lustigen Erinnerungen an ihn. Wir werden immer in Gedanken und in unserem Herzen bei unserem Opa sein.

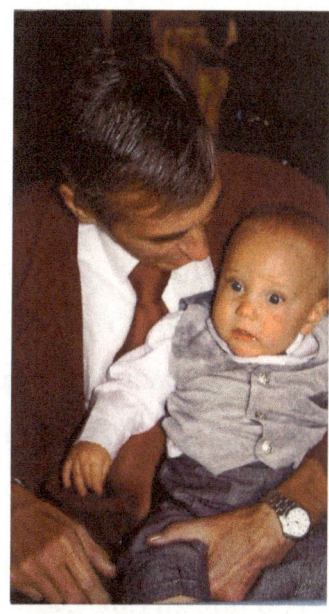

Krankengeschichte

Multiple Sklerose

Mein Opa hatte eine Krankheit namens Multiple Sklerose (kurz MS). Diese Krankheit wird auch oft als die „Krankheit mit tausend Gesichtern" bezeichnet, da sie eine Erkrankung mit sehr unterschiedlichen Verlaufsformen ist. Bei der MS werden die Markscheiden, die elektrisch isolierende äussere Schicht der Nervenfasern im Zentralnervensystem, angegriffen. Die MS ist neben der Epilepsie eine der häufigsten neurologischen Krankheiten bei jungen Erwachsenen. Diese Erkrankung ist nicht heilbar, jedoch kann man den Verlauf durch verschiedene Massnahmen oft günstig beeinflusst werden. Mein Opa hatte die primär progrediente MS (PPMS). Im Gegensatz zu den anderen Formen der MS beginnt die PPMS nicht mit Schüben, sondern mit einer schleichenden Progression der neurologischen Defizite ohne Rückbildung. Diese Art der MS betrifft nur 10%-15% und ist damit die seltenste Form von allen. Bei meinem Opa trafen die ersten Anzeichen mit 35 Jahren ein. Damals begann er währenddem gehen "Ausfallschritte" zumachen. Er wusste eigentlich sofort das er an MS erkrankt ist, jedoch hat er es niemandem gesagt. Dies musste er auch nicht, da er es lange unter Kontrolle hatte. Mein Gotti hat aber irgendwann bemerkt, dass etwas nicht stimmte. Da mein Opa niemandem gesagt hat was los ist, hat sie selbst angefangen nachzuforschen. Die damalige Ferienaushilfe meines Opas hat ihr geholfen herauszufinden was mit ihm nicht in Ordnung ist. Herausgefunden hat sie es aber schlussendlich durch einen Tipp ihrer Tante. Als sie es herausgefunden hatte, fing sie an es ihm vorzuhalten, bis er einknickte und es zugab. Irgendwann war er aber sowieso gezwungen es jedem zusagen. Die Menschen in Rorschach haben angefangen zu tuscheln und es kam das Gerücht auf er wäre betrunken, da er so komisch lief. Für ihn war es schwierig seine Krankheit so öffentlich zu präsentieren. Er wollte nicht, dass die Menschen denken er sei nicht mehr im Stande die Praxis zuführen. Auch für die Familie war es ein Schlag, obwohl die Vermutung, auch bei meiner Mutter und meiner Oma, schon länger da war. Doch für sie alle war es nicht gross anders, da er immer noch der gleiche Ehemann und Vater war wie vorher. Den Patienten meines

Opa war es auch egal, schliesslich war er immer noch ein super Arzt.

2009

Das Jahr 2009 war für uns, die Familie und Freunde von meinem Opa, ein Horrorjahr. Kurz vor Silvester 2008 bekam er eine schwere Lungenentzündung. Nicht lange nach Silvester brachte ihn diese Lungenentzündung in das Krankenhaus Rorschach. Mein Gotti und meine Oma waren gerade bei ihm im Spital, als er allen einen riesigen Schrecken einjagte. Meine Mutter sass in diesem Moment gerade mit Bastian in der Badewanne. Sie erinnert sich noch genau daran. Mein Gotti redete mit Opa und bemerkte auf einmal, dass irgendetwas mit ihm nicht stimmte. Sie erkannte Anzeichen eines Herzstillstandes und alarmierte sofort Ärzte. Diese konnten ihn mit Herzmassage und Defibrillator wieder zurück ins Leben holen. Sein Herz schlug wieder normal, aber er war nur kurz ansprechbar. Die Ärzte intubierten ihn und versetzten ihn in ein künstliches Koma. Danach wurde er mit dem Krankenwagen ins Kantonsspital St. Gallen verlegt. Gotti fuhr mit dem Notarzt mit und Oma wollte mit ihrem eigenen Auto fahren. Als Opa und Gotti im Spital ankamen, wurde er sofort auf die Intensivstation gebracht und verkabelt. Gotti wartete vor dem Spital auf Oma, kurze Zeit darauf kam dann auch Mama im Spital an. Auf der Intensivstation fanden die Ärzte dann heraus, dass Opa ein Multiorganversagen hatte. Seine Nieren und seine Lunge arbeiteten nicht mehr richtig und deshalb hat sein Herz abgestellt. Mein Opa lag vom 6. Januar 2009 bis am 27. Januar 2009 auf der Intensivstation. Eine Zeit lang sah es nicht gut aus mit ihm. Der behandelnde Arzt führte mit meiner Oma und meiner Mama ein sehr ernstes Gespräch, dass sie vor der Entscheidung stehen, die Geräte ausschalten zu müssen. Sie alle gingen vom schlimmsten aus. Als er auf der Intensivstation lag, hatte er von vielen Menschen Besuch. Ich wollte ihn damals unbedingt auch sehen. Anfangs war sich meine Mutter aber nicht ganz sicher, ob das eine gute Idee war, aber sie liess es dann, nach Besprechung mit dem Pflegepersonal, zu. Dort habe ich auch jedem bewiesen, wie schön und laut ich schreien konnte, denn ich wollte wirklich zu meinem Opa. Mein Besuch hat meinem Opa sehr geholfen. Von diesem Tag an hatte er ein Bild in seinem Unterbewusstsein. Ein Bild von meiner Mutter und mir auf dem Arm, welches ihn zum Weiterkämpfen animiert hat. Es war sein "Koma-Traum" und es war das Bild, welches er später bei der Reha-Therapie gezeichnet hat.

Diesem "Koma-Traum" und seinem starken Lebenswillen hat er es zu verdanken, dass er am 27. Januar 2009 auf die Normalstation verlegt werden konnte. Am 20. Februar 2009 durfte Opa endlich wieder nach Hause. Nach diesem langen Spitalaufenthalt musste mein Opa zur Reha nach Zihlschlacht. Ebenfalls war er von nun an vollständig auf seinen Rollstuhl angewiesen. Durch den langen Spitalaufenthalt hat Opa so gut wie seine ganze Muskelmasse verloren und wegen der MS war es für ihn nicht mehr möglich, die Muskelmasse wiederaufzubauen. Ebenso brauchte er wegen der MS eine implantierte Schmerzpumpe, welche in bestimmten Abständen Schmerzmittel frei gibt. Sie machte ihm das Leben mit den starken Schmerzen etwas einfacher. Damit er wieder auf seinen Weg findet und mit dieser neuen Situation klarkam, ging er in die Reha nach Zihlschlacht. Aber nach zwei Wochen musste Oma ihn wieder nach Hause holen, da er sich in Zihlschlacht nicht wohl fühlte. Zu Hause kümmerte sich Oma um ihn, da er noch künstlich ernährt werden musste. Ebenso kam ab jenem Moment jeden Morgen die Spitex, um meine Oma etwas zu unterstützen. Die Spitex nahm ihr das Anziehen, Waschen und Duschen von Opa ab, da dies zu viel gewesen wäre für sie. In diesem Jahr gab es einen weiteren Schicksalsschlag für meinen Opa. Er war gezwungen seine geliebte Praxis aufzugeben, da es ihm durch seine Krankheit nun nicht mehr möglich war zu arbeiten. Nach der Reha versuchte er es noch einige Wochen. Er arbeitete einen Tag pro Woche in der Praxis. Er merkte schnell, dass es nicht mehr geht. Damit hatte er einen sehr grossen und sehr wichtigen Teil seines Lebens früher beenden müssen, als er dies je geplant hatte. Er war Arzt aus Leidenschaft.

Mein Opa im Rollstuhl

2016

Im Jahr 2016 hatte mein Opa noch einmal einen schlimmen Spitalaufenthalt. Vor kurzem erhielt er eine neue Schmerzpumpe. Plötzlich ging es ihm immer schlechter. Meine Oma zögerte nicht lange und brachte ihn ins Krankenhaus, um abchecken zulassen was los ist. Im Krankenhaus haben die Ärzte festgestellt das die Pumpe Bakterien in sein Rückenmark pumpte. Aus diesem Grund musste mein Opa nochmals im Spital bleiben. Dieses Mal gab mein Gotti ihm einen Grund weiterzukämpfen. Er erfuhr als erster, dass er zum dritten Mal Grossvater wird. Durch diese erfreuliche Nachricht fiel es ihm leichter erneut den Kampf aufzunehmen. So wie er es immer tat. Kurz bevor er aus dem Krankenhaus entlassen wurde, stellten die Ärzte fest, dass er sich einen sogenannten Spitalkäfer eingefangen hatte. Aus diesem Grund musste er auch noch in Isolation. Die Isolation war notwendig, da die Ärzte nicht sofort herausfanden um was für eine Art Käfer es sich handelt und ob er ansteckend und übertragbar ist. Nach kurzer Zeit gab es Entwarnung, dass der Käfer nicht so gefährlich ist, also konnte unsere Familie ihn besuchen. Durch diesen Käfer erfuhr meine Mutter, dass mein Gotti schwanger war. Da sie Angst um ihr ungeborenes Kind hatte, wollte sie anfangs Opa nicht besuchen. Meine Mutter verstand nicht, warum sie sich so komisch verhielt. Es entstand ein kleiner Streit und im Feuer des Gefechts rutschte meinem Gotti heraus das sie schwanger ist. So fand meine Mutter heraus, dass sie Tante wird.

Kämpfer

Als ich einen Titel für dieses Buch suchte, fragte ich meine Mama, meine Oma und mein Gotti nach Adjektiven, die meinen Opa beschreiben. Meine Mama nannte die Adjektive liebenswürdig, sozial und zuvorkommend. Sozial und hilfsbereit hörte ich von meinem Gotti. Das treffende Adjektiv nannte meine Oma. Sie beschrieb ihn als gutmütig, sozial und kämpferisch. Kämpferisch beschrieb ihn perfekt. Er hat sein Lächeln nie verloren, zumindest nie vor uns. So habe ich meinen Opa im Gedächtnis. Mit einem Lächeln, positiven Gedanken und immer mit einem guten Rat durchs Leben gehend. Ganz nach seinem Motto:

"Das Leben wird vorwärts gelebt und rückwärts verstanden."

Wie jeder junge Mann musste auch mein Opa ins Militär.
Auch in den Semesterferien seines Studiums musste er Mi-
litärdienst leisten. Zu dieser Zeit wurden angehende Ärzte
dazu verpflichtet, die Ausbildung bis zum Oberstleutnant
zu absolvieren. Ebenfalls leitete er sehr viele WK's. Diese
gestaltete er gerne speziell. In seiner Truppe waren viele
Männer Landschaftsgärtner oder Handwerker von Beruf.
Da kam er auf die verrückte Idee einen WK bei sich zu
Hause durchzuführen. Deshalb halfen ihm seine Soldaten
beim Pool bau. An dies erinnert sich meine Mutter heute
noch.

Er hat sich sehr in der Stadt Rorschach engagiert. Meinem
Opa war auch die Politik sehr wichtig. Er war für eine

lange Zeit Gemeinderat der Stadt Rorschach. Sein letztes grosses Projekt als Gemeinderat, war der Aufbau der Sportanlage Kellen in Goldach. Für das er sich mit voller Kraft eingesetzt hat. Zudem war er auch Mitglied im Samariterverein Rorschach und dort war er der zuständige Arzt. Lange war er Präsident des FC Rorschach. Unter seiner Führung gelang dem FC Rorschach der Aufstieg in die erste Liga. Mit seiner Praxis leistet er aber immer noch am meisten für diese Stadt.

Etwas was ich an meinem Opa immer sehr geschätzt habe, dass er alle Menschen gleichbehandelt hat. Egal wie jemand aussah, wie seine gesellschaftliche Stellung war oder was für eine Sexualität er hatte. Jeder Liebte ihn. Nicht nur war er ein wundervoller Ehemann, Vater, Opa und geschätzter Freund, sondern auch ein liebenswürdiger Götti. Er war der Götti von Christoph, Stephan, Yvonne, Livia und Mara. Ein Problem bekam man mit meinem Opa erst, wenn man sein Vertrauen missbrauchte oder ihn anlog. So konnte man es sich ziemlich mit ihm verspielen.

Wie schon in meinem Buch erwähnt, war Familie das Wichtigste im Leben meines Opas. Die gemeinsame Zeit die er mit seinen Liebsten hatte, war für ihn das Schönste überhaupt. Er genoss jeden Ausflug und jede Ferien, die sie gemeinsam verbrachten. Besonders gefielen ihm aber die Ferien in den USA. Zusammen flogen sie zweimal dahin. Zum ersten Mal im Jahr 1988. Sie bereisten Florida, besuchten Freunde in Detroit, machten einen Abstecher nach Kanada zu den Niagara Falls und beendeten ihre Reise in New York und Washington DC. Am besten gefiel es meinem Opa in Florida. Aus diesem Grund war es sein grosser Wunsch zum 50. Geburtstag noch-

mals, mit seiner Familie, nach Florida zu reisen. Diesen Traum erfüllten sie sich 1998. Aus Dankbarkeit, dass sie ihm diesen Wunsch erfüllt haben, schrieb er jedem einen Brief.

Aus dem Interview mit meinem Gotti weiss ich, dass in der Praxis meines Opas immer ein sehr familiäres Verhältnis herrschte. Er hat keine MPA eingestellt, die so nicht arbeiten konnte. Die MPA's durften einmal pro Woche bei ihm zuhause Mittagessen. Auch später als er von der Spitex gepflegt wurde, blieb dieses familiäres Verhältnis. Er liebte, es seinen Spitexschwestern, von uns Enkeln zu erzählen und ihnen Fotos von uns zu zeigen. Für mich und Bastian war es immer speziell, wenn wir eine von ihnen trafen und sie uns erkannten, weil mein Opa ihnen so viel über uns erzählte. An der Beerdigung von ihm traf ich auf eine seiner ersten Pflegerinnen. Sie kannte mich schon seitdem ich klein war, da ich früher oft bei meinen Grosseltern war, wenn sie sich um meinen Opa gekümmert hat. Ich wusste nicht mehr, wer sie war. Sie war erstaunt wie gross ich geworden bin und erzählte mir wie viel sie über mich weiss. Ich war extrem überwältigt, da ich hatte keine Ahnung, dass er so viel über mich erzählte.

Es hat meinen Opa immer mit sehr viel Stolz erfüllt, zu sehen was aus seinen Töchtern geworden ist. Im Jahr 2003 haben meine Eltern geheiratet. Mein Opa führte meine Mutter in die Kirche. Bei meinem Gotti war dies leider nicht mehr möglich. Sie heiratete am 7. Mai 2021 und mein Opa war in Gedanken anwesend. Mein Gotti konnte ihm jedoch vor seinem Tod noch sagen das sie Heiraten wird. Ich denke, dass es ihm deshalb auch einfacher fiel zu gehen. Mit dem Gedanken das seine beiden Töchter eine wundervolle Familie haben.

Abschied

Abschied zu nehmen ist niemanden einfach. Der Tag an dem mein Opa starb war für mich einer der schlimmsten Tage in meinem Leben. Am 30. November 2020, als ich von der Schule nachhause kam, sagte meine Mutter, dass mein Opa im Spital ist. Im ersten Moment war dies kein allzu grosser Schock für mich. Mein Opa kam öfters mal ins Spital, da er ein sehr schwaches Immunsystem hatte. Am Abend gegen 22.00 Uhr bekam meine Mutter einen Anruf, indem meine Oma sie informierte, dass die Ärzte nicht wissen ob er die Nacht überstehen wird. In diesem Moment ist meine Welt ein Stück weit zusammengebrochen. Ich konnte alles noch nicht ganz verarbeiten. Meine Mutter wusste nicht, ob sie ins Krankenhaus durfte, auf Grund von Corona. Doch da mein Opa im Sterben lag konnten sie eine Sonderbewilligung beantragen. So sind meine Mama, mein Gotti und meine Oma zu ihm in den Spital gefahren. Ich sass mit meinem Bruder und meinem Vater zuhause und versuchte die Situation zu verarbeiten.

Ständig hatte ich die Hoffnung, dass er es schaffen würde, denn er hatte es schonmal geschafft. Zu gleich versuchte ich mich auf das Schlimmste einzustellen. Schlafen fiel mir sehr schwer. Die ganze Zeit dachte ich über Dinge nach, die ich mit ihm noch machen wollte. Dazu wollte ich auch nicht schlafen, aus Angst Nachrichten über seinen Zustand zu verpassen. Am nächsten Morgen fuhren wir als Familie zu ihm ins Krankenhaus. Er hat die ganze Zeit geschlafen. Ständig dachte ich mir, nein Opa du darfst nicht sterben, ich bin noch nicht 16. Immer hat er gesagt, dass er an meinem 16 Geburtstag ein Glas Wein mit mir trinken möchte. Ich werde an meinem Geburtstag ein Glas für ihn mit trinken. Am Mittwochmorgen hat meine Mutter mich geweckt und mir gesagt, dass mein Opa am 1. Dezember 2020 friedlich eingeschlafen ist. Da konnte ich nicht reagieren. Irgendwie habe ich dies schon erwartet und trotzdem wollte ich es nicht wahrhaben. Die nächsten Wochen waren nicht einfach für mich und meine Familie. Am 12. Dezember fand die Beerdigung statt. Sie war sehr schön gestaltet und hat einem, ein Stück weit, geholfen damit abzuschliessen. Abschied haben wir jedoch am 21. Dezember 2020 gefeiert. Es war sein Geburtstag. Susi hat ein schönes kleines Floss mit Laternen gebastelt. Wir haben es im Wiedehorn auf den Bodensee gelassen und auf ihn angestossen. Ruhe in Frieden Opa. Wir wissen nämlich, dass er nicht wollte, dass wir traurig sind. Den ein anderes Lebensmotto von ihm war:

"Glaub an dich. Du schaffst das, auch wenn es nicht immer einfach ist."

Schlusswort

Ich habe ca. ein halbes Jahr an diesem Buch geschrieben. Es hat mir selbst sehr geholfen über seinen Tod hinwegzukommen. Ich lernte diverse Sachen über meinen Opa von denen ich keine Ahnung hatte. Ich verstehe ihn jetzt besser und ich verstehe jetzt auch die Verbindung meiner Familie besser. Das Buch widme ich auch meiner Familie um Danke zu sagen. Danke, dass ihr alle da seid, wenn es mir mal nicht gut geht. Für meinen Opa war die Familie das Wichtigste und dies ist sie nun auch für mich. Häufig vergesse ich, dass auch Familie nicht selbstverständlich ist und das nicht alle so Glück mit der Familie haben wie ich. Danke Oma und Opa, Danke Gotti und Danke Mama und Papa. Familie bleibt für immer.

DAS SCHWERSTE

LIEBE IST SCHWER.
LIEBHABEN VON MENSCH ZU MENSCH,
DAS IST VIELLEICHT DAS SCHWERSTE, WAS
UNS AUFGEGEBEN IST,
DAS AEUSSERSTE,
DIE LETZTE PROBE UND PRÜFUNG,
DIE ARBEIT, FÜR DIE ALLE ANDERN ARBEITEN
NUR VORBEREITUNG IST.
DARUM KENNEN JUNGE MENSCHEN,
DIE ANFÄNGER IN ALLEM SIND,
DIE LIEBE NOCH NICHT,
SIE MÜSSEN SIE LERNEN.
MIT DEM GANZEN WESEN, MIT ALLEN
KRÄFTEN,
VERSAMMELT UM IHR EINSAMES,
BANGES, AUFWÄRTSSCHLAGENDES HERZ,
MÜSSEN SIE LIEBEN LERNEN;
LERNZEIT ABER IST IMMER EINE LANGE,
ABGESCHLOSSENE ZEIT,
UND SO IST LIEBEN FÜR LANGE HINAUS
UND WEIT INS LEBEN HINEIN—
EINSAMKEIT,
GESTEIGERTES UND VERTIEFTES ALLEINSEIN
FÜR DEN,
DER LIEBT.

Zeitfracht Medien GmbH
Ferdinand-Jühlke-Straße 7
99095 Erfurt, Deutschland
produktsicherheit@kolibri360.de